AF305947

# CONFÉRENCES

DE

## l'Association Professionnelle des Externes et Anciens Externes

### DES HOPITAUX DE PARIS

# INTERNAT

**M. le D<sup>r</sup> Etienne MAY,** *Médecin des Hôpitaux de Paris :*
HÉMORRAGIES MÉNINGÉES

**M. le D<sup>r</sup> P. LANTUÉJOUL,** *Chef de clinique obstétricale à la Faculté, Ancien Interne des Hôpitaux de Paris :*
RUPTURE DE L'UTÉRUS

**M. le D<sup>r</sup> PETIT-DUTAILLIS,** *Prosecteur des Hôpitaux :*
ANÉVRYSMES ARTÉRIO-VEINEUX

**M. le D<sup>r</sup> de GAUDART d'ALLAINES,** *Interne des Hopitaux :*
PYÉLONÉPHRITES

**M. le D<sup>r</sup> BOCAGE,** *Interne des Hôpitaux :*
FORMES CLINIQUES DE LA PNEUMONIE

**INDEX BIBLIOGRAPHIQUE**

## FASCICULE I

PARIS

AMÉDÉE LEGRAND, ÉDITEUR

93, BOULEVARD SAINT-GERMAIN, 93

1922

# Prescriptions Courantes :

## ANÉMIE

### Carnine Lefrancq Suc de Viande de Bœuf Crue, Concentré à Froid.

PRESCRIPTION : 1 à 2 cuillerées à soupe, au début du repas, dans un liquide froid (bouillon, lait, eau, etc.), ou pure.

## MÉTRITES

### Ovules Chaumel Ichthyol

PRESCRIPTION : Introduire l'Ovule dans la cavité vaginale, la malade étant couchée. Se garnir comme au moment des règles.

## CONSTIPATION

### Suppositoires Chaumel Adultes

PRESCRIPTION : Tremper le Suppositoire dans l'eau tiède et l'introduire dans l'anus. Le pousser avec le doigt (il est bien placé lorsqu'on l'a senti cheminer et que, brusquement, il ne donne plus la sensation d'être dans l'anus).

## HYGIÈNE INTIME DES DAMES

### Poudre Chaumel

PRESCRIPTION : 1 sachet pour 1 à 2 litres d'eau chaude, pour lavages, injections. Action décongestive, antiseptique et adoucissante.

## PREMIÈRE DENTITION

### Sirop Delabarre

PRESCRIPTION : Frictionner légèrement les gencives avec le doigt humecté d'une goutte de Sirop Delabarre. Calme les cris de l'enfant et facilite la sortie des dents.

*Envoi de Littérature et d'Échantillons sur demande*

ÉTABLISSEMENTS FUMOUZE, 78, Fg Saint-Denis - PARIS

# Les « Conférences d'Internat » de l'A E.

Le succès obtenu par le *Bulletin* de l'A. E. est tel que, très rapidement, les numéros non distribués se trouvent épuisés. Or, de nombreux Externes, par la suite, réclament à la rédaction ces numéros épuisés pour se procurer les Questions d'Internat inédites qui y ont paru. C'est pour répondre à ces demandes que, avec la bienveillante autorisation des auteurs de ces Notes, l'A. E. entreprend de publier régulièrement en fascicules les Questions d'Internat éditées dans le *Bulletin* : ils sont destinés avant tout aux nouvelles promotions d'Externes qui n'ayant pu recevoir les Bulletins des années précédentes, dont les rubriques professionnelles perdent rapidement leur intérêt d'actualité, seront heureux de trouver les recueils des questions parues.

Par une innovation appréciée de tous, ces Notes sont signées par leurs Auteurs et acquièrent ainsi la valeur de revues générales, de documents écrits avec soin auxquels l'Externe peut se fier pour la préparation du Concours de l'Internat. Certaines même renferment des renseignements que les candidats ne sauraient trouver que difficilmnt et épars dans les traités classiques et les articles récents.

ous exprimons ici notre très vive et très sincère gratitude aux Conférenciers qui ont bien voulu nous confier ces Notes. Ils auront donné ainsi le meilleur des exemples, car nous sommes sûr que nos camardes reçus à leur Concours grâce à ces questions se souviendront du Bulletin de l'A. E. et seront heureux d'y écrire quelques pages à leur tour.

Le Bureau de l'A. E.,

*déc. 1922*

IODOGENOL
PEPIN
ΕΣΤ
ΣΠΑΘΟΥΣ

# Questions d'Internat

## FASCICULE I

MAY. — Hémorragies Méningées.
LANTUÉJOUL. — Rupture de l'Utérus.
PETIT-DUTAILLIS. — Anévrysme Artério-Veineux.
DE GAUDART-D'ALLAINES. — Pyélonéphrites.
BOCAGE. — Formes cliniques de la Pneumonie.

## FASCICULE II

M. LEROUX. — Les Opérations Césariennes.
DE GENNES. — Formes cliniques de l'Urémie.
BOPPE. — Cancer du Rein.
LEBLANC. — Hématémèses.
TOURNEX. — Les Plaies pénétrantes de l'Abdomen.

## FASCICULE III

MARTIN. — Tumeurs bénignes du Sein.
SCHULMAN. — Signes et Diagnostic de la Gangrène pulmonaire.
LANTUÉJOUL. — Mort apparente du Nouveau-Né.
BOULIN. — Leucémies myéloïdes.
DE GAUDART D'ALLAINES. — Ruptures traumatiques de l'Urètre.

# I

# Hémorragies Méningées

*par le Docteur Etienne May*

On nomme hémorragies méningées les épanchements de sang formés aux dépens de la dure-mère, de l'arachnoïde ou de la pie-mère et collectés dans les espaces qu'elles circonscrivent.

On les rencontre avec une fréquence inégale au niveau de chaque méninge en raison de leur différence de structure :

La *dure-mère* étant accolée à la boîte crânienne, les hémorragies extra dure-mériennes viendront surtout des vaisseaux crâniens au cours de traumatismes, avant tout dans les fractures du crâne. La dure-mère elle-même est peu vasculaire et se prête mal à des hémorragies diffuses. Par contre, on y rencontre des inflammations chroniques à tendances hémorragiques, donnant naissance à une variété d'hémorragie méningée localisée sous-dure-mérienne, la pachyméningite interne hémorragique ou hématome sous dure-mérien de Cruveilher et Virchow.

La *pie-mère*, au contraire, est riche en vaisseaux fragiles et elle est le siège par excellence des ruptures vasculaires spontanées donnant naissance à une hémorragie diffuse qui s'accumule dans les espaces sous arachnoïdiens.

Les hémorragies méningées nous offrent donc à étudier trois types principaux :

Les hémorragies extra dure-mériennes presque toujours liées à une fracture du crâne.

— L'hématome sous dure-mérien, affection localisée, chronique, à marche lente et progressive.

— Les hémorragies sous-arachnoïdiennes méningées ou cérébro-méningées, affections à début brusque, à symptomatologie tranchée, où le sang diffuse d'emblée dans le liquide céphalo-rachidien et qui ne sont bien connues que depuis l'introduction de la ponction lombaire dans la pratique courante.

## I. Hémorragies extra-dure-mériennes.

Au cours d'une fracture du crâne avec coma immédiat, l'hémorragie méningée n'a guère d'autonomie clinique.

Elle ne prend d'individualité que dans certains cas, notamment dans l'hématome de la méningée moyenne. A ce niveau, en effet, la dure-mère peut être détachée du crâne sur l'étendue de l'espace décollable de Gérard Marchant. Le

HÉMORRAGIES MÉNINGÉES

sang peut s'y accumuler et former un hématome qui donnera naissance à des phénomènes de compression.

Ces phénomènes n'apparaissent, en général pas de suite après le traumatisme mais après un intervalle libre qui varie de quelques heures à 1 ou 2 jours.

Alors survient une obnubilation progressive avec crises convulsives, contractures, parfois inégalité pupillaire, souvent signes bulbaires : bradycardie, vomissements aboutissant bientôt au coma avec stertor auquel le malade succombe si on n'intervient pas.

L'hémorragie de la méningée moyenne est en effet une indication formelle de trépanation.

## II. Hématome sous-dure-mérien.

Résulte d'une inflammation chronique de la dure-mère.

*Anatomiquement* se présente comme une néo-membrane épaisse, formant parfois tumeur, accolée à la face interne de la méninge, le plus souvent dans la région de la scissure de Rolando.

Elle est d'un brun rougeâtre, infiltrée d'ecchymoses et de foyers hémorragiques.

Elle est constituée par des lamelles conjonctives stratifiées, riches en capillaires à paroi mince dont la rupture explique la formation de l'hématome.

Il s'agit donc d'une réaction inflammatoire de type vasculaire analogue aux pachypleurites hémorragiques et où l'hémorragie n'est qu'un phénomène secondaire. Les circonvolutions voisines peuvent être comprimées et l'on y trouve fréquemment des lésions inflammatoires plus ou moins marquées.

*L'étiologie* est mal connue. C'est une maladie de l'âge mur et de la vieillesse, plus fréquente chez l'homme ; l'alcoolisme en a été longtemps considéré comme la cause principale, mais les infections chroniques, surtout la syphilis jouent probablement aussi un rôle. L'hématome ne serait pas rare chez les aliénés et les P. G.

Au *point de vue clinique* c'est une affection à symptomatologie obscure dont le diagnostic est habituellement difficile.

D'une façon générale, elle évolue en deux périodes :

La première correspond au travail inflammatoire dont la méninge est le siège.

Les symptômes n'ont rien de caractéristique.

Le plus constant est la céphalée, sourde, profonde, continue ou rémittente parfois très fixe quant à son siège. En même temps, vertiges, étourdissements, parfois démarche incertaine et chancelante. L'insomnie est habituelle et s'accompagne souvent de somnolence diurne.

Les signes physiques sont à peu près nuls, parfois inégalité pupillaire avec myosis du côté de la lésion.

A ces symptômes s'ajoute un affaiblissement intellectuel progressif pouvant aller jusqu'à une véritable démence.

HÉMORRAGIES MÉNINGÉES

La maladie peut évoluer ainsi sans autre signe pendant des mois ou des années ; l'hématome n'est alors qu'une surprise d'autopsie.

En général, sur ce fond d'apparence banale, viennent s'ajouter des *ictus* traduisant une poussée hémorragique à l'intérieur des fausses membranes. L'ictus peut être atténué ou s'accompagner d'un coma complet. Il est habituellement hémiplégique, l'hémiplégie étant habituellement croisée, mais pouvant être directe par un mécanisme encore mal éclairci ; mais ce qui le caractérise, avant tout, c'est l'existence de signes traduisant la participation méningée : la raideur, le kernig, souvent des crises épileptiformes.
Quant aux troubles des réflexes ou de la sensibilité ils sont variables d'un cas à l'autre.

D'une façon inconstante on peut observer de la fièvre, des vomissements, des modifications du pouls qui est accéléré ou ralenti, du nystagmus, parfois de l'œdème de la papille.

La ponction lombaire renseigne peu ; le plus souvent le liquide céphalo-rachidien est d'aspect normal. Dans des cas rares, si l'hémorragie a rompu l'arachnoïde, il peut contenir du sang et plus tard devenir jaune. A défaut d'hématies il n'est pas rare d'observer un certain degré de réaction méningée en général à lymphocytes.

Le malade peut succomber à cet ictus. Assez souvent il en sort mais les rechutes sont fréquentes et l'une d'elles finit par emporter le malade, s'il n'a pas succombé auparavant dans un marasme progressif.

Cette évolution avec une assez longue période de céphalée et de troubles intellectuels, coupée par des attaques à symptomatologie méningée est ce qui, au point de vue clinique, caractérise le mieux l'hématome sous dure-mérien.

Le *diagnostic* est toujours difficile surtout en dehors des ictus.

La céphalée et la somnolence peuvent faire penser à des tumeurs du cerveau, mais l'hématome ne s'accompagne que rarement de stase papillaire ou de signes de localisation et la céphalée est moins violente, les vomissements moins fréquents.

La syphilis cérébrale se distingue par la fréquence des manifestations de la base et par les recherches de laboratoire.

La méningite tuberculeuse est également une affection de la base et son évolution est plus rapide.

Si les troubles intellectuels dominent, on pensera à un état lacunaire ou à la P. G. et c'est l'absence des signes objectifs propres à ces affections, qui fera suspecter l'hématome.

A la période des ictus, l'existence des signes méningés et l'évolution possible vers la guérison sont des éléments du diagnostic avec l'hémorragie cérébrale ou le ramollissement cérébral.

Enfin l'absence de sang dans le liquide céphalo-rachidien permet d'éliminer l'hémorragie méningée sous arachnoïdienne.

Le *traitement* est assez peu efficace. Ponction lombaire. Dans des cas rares on

## HÉMORRAGIES MÉNINGÉES

a pratiqué avec succès la trépanation avec ablation de l'hématome. Enfin traitement de la cause (syphilis).

## III. Hémorragie sous-arachnoïdienne.

Résulte de la rupture soit d'un vaisseau du réseau pial, soit d'un vaisseau de la corticalité du cerveau, soit d'un vaisseau profond avec inondation ventriculaire.

A l'origine on trouve donc les causes habituelles des ruptures vasculaires, surtout l'hypertension, puis l'artério-sclérose, l'artérite syphilitique ; l'hémorragie méningée peut accompagner les diverses méningites ou encéphalites aiguës ou chroniques. Elle fait souvent partie du tableau de la commotion cérébrale. On la rencontre enfin dans diverses intoxications, notamment dans l'étylisme et le coup de sang des alcooliques n'est parfois qu'une hémorragie méningée.

*Tableau clinique.* — Après des prodromes qui peuvent manquer : vertige, céphalée, déficit intellectuel, l'hémorragie méningée débute brusquement par attaque apoplectique. L'ictus est souvent moins brusque que dans l'hémorragie cérébrale. Il peut y avoir une certaine progression dans la perte de connaissance qui est précédée, pendant quelques instants, de malaise, pâleur, état lipothymique.

Une fois le coma installé, l'hémiplégie est fréquente mais n'est pas constante. Ce qui est constant, c'est la raideur et la contracture précoce, le signe de Kerning les réflexes exagérés avec réflexe contro latéral, de Babinski, qui est souvent bilatéral. Les réflexes d'automatisme médullaire sont très marqués, les convulsions sont fréquentes.

Dans l'ensemble donc, les phénomènes d'irritation prédominent sur les phénomènes paralytiques.

A ce tableau clinique s'ajoutent parfois des signes assez particuliers :

Un syndrome urinaire avec polyurie glycosurie, mais surtout une albuminurie considérable pouvant atteindre ou dépasser 20 gr. et qui ne dure que quelques jours.

Phénomènes pupillaires : surtout inégalité, parfois stase avec congestion et œdème à l'ophtalmoscope.

La fièvre est assez fréquente dans les premiers jours ; le pouls est rapide ou ralenti.

Au total, ictus parfois progressif, hémiplégie inconstante, raideur, contracture ou convulsions précoces, parfois inégalité pupillaire, albuminurie massive et transitoire, tels sont les signes cliniques qui doivent faire soupçonner une hémorragie méningée.

La *ponction lombaire* vient assurer le diagnostic ;

Le liquide est sanglant, de teinte égale dans les tubes successifs et ne coagulant pas, ce qui permet d'éliminer une hémorragie par piqûre.

Les *globules* d'abord normaux sont bientôt déformés, épineux, à résistance diminuée.

Parallèlement le liquide se modifie il devient jaune par véritable ictère hémo-

HÉMORRAGIES MÉNINGÉES

lytique local et cette xanthochromie peut permettre un diagnostic rétrospectif d'hémorragie méningée. On y trouve parfois des hémolysines.

Il existe habituellement une réaction leucocytaire d'abord à polynucléaires puis à mononucléaires. Quant à la xanthochromie avec coagulation massive, bien qu'on puisse l'observer dans certaines méningites hémorragiques fibrineuses, elle appartient surtout aux méningites cloisonnées.

## Evolution.

1° Mort rapide.

2° Le malade revient à lui dans un état d'obnubilation assez accentué, puis surviennent de nouveaux ictus ou des accès convulsifs auxquels il succombe.

3° Les signes s'atténuent peu à peu, la guérison survient, mais les séquelles sont fréquentes : paralysies, troubles mentaux, surtout épilepsie.

## Formes cliniques.

1) *Forme fruste* : Le coma peut manquer et on observe des phénomènes convulsifs ou des paralysies localisées. Parfois même tout se réduit à un état vertigineux passager avec parésie et raideur légère. Cette forme est assez fréquente chez les hypertendus ; on lui a donné le nom d'épistaxis méningée (Vaquez).

2) *Forme à signes cérébraux dominants* : Le malade présente alors un grand ictus comme dans l'hémorragie cérébrale. Mais il y a en outre de la raideur précoce, du Babinski bilatéral, souvent des convulsions, une température élevée.

Il s'agit d'une hémorragie cérébro-méningée soit corticale, soit avec inondation ventriculaire dont le pronostic est extrêmement sombre.

3) *Forme purement méningée* : Tableau de méningite subaiguë avec céphalée, vomissements, contracture, délire, le tout accompagné de fièvre, de modifications du pouls, parfois de paralysies oculaires.

L'ensemble peut simuler une méningite cérébro-spinale et surtout une méningite tuberculeuse.

Ces formes peuvent se voir chez des sujets jeunes et certaines d'entre elles paraissent relever du virus de l'encéphalite léthargique.

4°) *Forme du nouveau-né* : Soit par traumatisme obstétrical, soit spontanées et souvent alors dues à l'hérédo-syphilis.

Plusieurs aspects :

a) Enfant mort-né.

b) Enfant respirant mal, cyanosé, présentant de la raideur de la nuque. Des convulsions, parfois des paralysies et succombant assez rapidement dans le coma.

c) Signes plus atténués et pouvant guérir, mais alors souvent des séquelles : syndrome de Little, idiotie, épilepsie.

### Diagnostic.

Le diagnostic clinique n'est habituellement qu'un diagnostic de probabilité.

Il se pose surtout avec l'hémorragie et le ramollissement cérébral. L'allure progressive de l'ictus, quand elle existe, est un signe de valeur ; mais l'élément essentiel du diagnostic c'est l'existence, au cours d'un coma hémiplégique, de symptômes de la série méningée : raideur et contractures précoces, Babinski bilatéral ; enfin l'albuminurie massive et transitoire a une réelle importance séméiologique.

Dans les formes méningées pures, le diagnostic clinique devient d'une difficulté extrême avec les diverses variétés de méningite aiguë.

Dans tous les cas la ponction lombaire s'impose et vient trancher la question. Au cours de l'hémorragie cérébrale, on peut bien trouver un peu de sang dans le liquide céphalo-rachidien, mais toujours en très petite quantité, à moins qu'il n'y ait en même temps rupture de la pie-mère.

### Traitement.

Avant tout, un traitement causal (hypertension, syphilis).

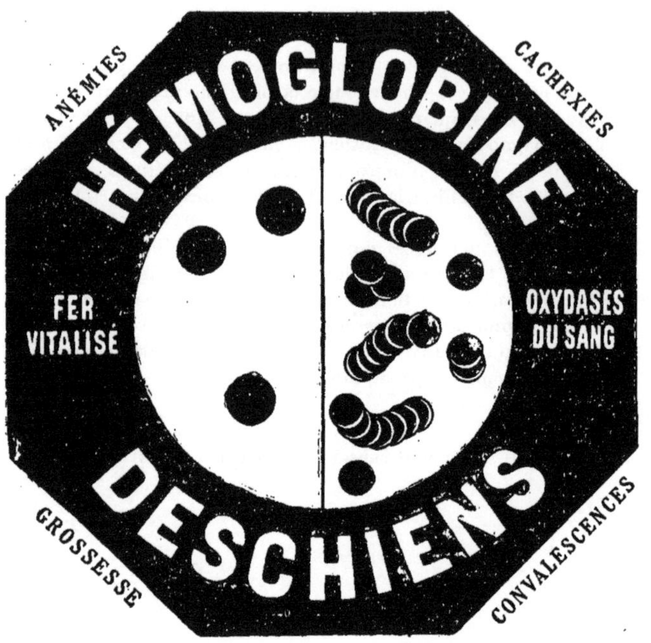


# Opothérapie Hématique

## *Totale*

## Sirop de DESCHIENS

À l'Hémoglobine vivante

Renferme intactes les Substances Minimales du Sang total

### MÉDICATION RATIONNELLE DES
### Syndromes Anémiques et des Déchéances Organiques

Une cuillerée à potage à chaque repas. Doubler dans les cas graves.

DESCHIENS, Docteur en Pharmacie, 9, Rue Paul-Baudry, PARIS (8e)

## II

# Rupture de l'Utérus

*par le Docteur Lantuéjoul*

La rupture utérine peut être traumatique ou spontanée. Elle est exceptionnelle pendant la grossesse et est alors, le plus souvent, traumatique. Elle survient en général pendant le travail et est alors spontanée dans la majorité des cas. C'est donc la rupture utérine spontanée, survenant au cours de l'accouchement, qu'il faut surtout étudier.

**Pendant la grossesse :** La rupture *traumatique* est d'autant plus rare que la grossessse est plus jeune, hormis les cas de blessures utérines consécutives à des tentatives d'avortement criminel. Au fur et à mesure que l'utérus augmente de volume, il est plus exposé au traumatisme, Celui-ci peut agir de dehors en dedans ou de dedans en dehors. Dans le premier cas, il y a le plus souvent perforation de la paroi abdominale, par coup de couteau, balle, etc... Parfois la plaie abdominale peut être très petite. L'utérus peut, par ailleurs, être rompu sans qu'il y ait lésion de la paroi abdominale, par exemple dans une chute ou par un coup de pied, etc... Les plaies utérines faites de dedans en dehors résultent presque toujours d'avortements criminels. Elles peuvent être produites à l'occasion d'un curettage.

Les lésions fœtales sont très variables. Il faut noter qu'elles peuvent résulter d'un traumatisme n'ayant pas lésé l'utérus : avortement criminel, chute d'un lieu élevé.

La rupture *spontanée* est tout à fait exceptionnelle pendant la grossesse. Elle peut résulter d'ue malformation utérine ou bien d'une altération de sa paroi par cicatrice, cancer, fibrôme, etc... Dans le cas où l'œuf se développe dans une corne, celle-ci peut se rompre, comme se rompt la trompe dans une grossesse tubaire. Ces ruptures spontanées peuvent se produire sans cause apparente ou bien à l'occasion d'un effort.

Les *symptômes* des ruptures traumatiques utérines passent souvent au second plan, au milieu des symptômes abdominaux concomitants. Il y a en général hémorragie abondante et syndrôme péritonéal. Les blessures utérines minimes ont pu cependant guérir, sans avoir donné des signes pathologiques. La rupture spontanée d'une grossesse utérine est tout à fait comparable, dans les cinq premiers mois, à la rupture d'une grossesse ectopique. Dans les derniers mois, elle ressemble à la rupture au cours du travail.

RUPTURE DE L'UTÉRUS

Le *pronostic* est en général très grave. Il dépend surtout du temps de l'intervention. Celle-ci consistera en laparotomie avec suture de la plaie si possible, ou hystérectomie. Une plaie utérine minime, par exemple au cours d'un curettage, peut guérir spontanément par tamponnement intra-utérin et glace sur le ventre.

**Pendant le travail :** La rupture *traumatique* peut résulter d'une des causes accidentelles précédemment étudiées. Elle peut surtout résulter d'une cause opératoire ou médicamenteuse. A ce sujet, il y a lieu de remarquer qu'il ne faut pas établir une distinction absolue entre les ruptures traumatiques et les ruptures spontanées. Alors qu'en effet, dans une rupture, la cause déterminante paraît avoir été le traumatisme, il ne faut pas oublier que des causes favorisantes ont pu exister et jouer un rôle très important. Une intervention, par exemple, peut n'avoir que complété une rupture qui s'amorçait spontanément. Souvent la crainte d'une rupture spontanée commande l'intervention : si celle-ci ne peut éviter la rupture, encore ne faut-il pas l'en rendre responsable sans examen.

Quoiqu'il en soit, *toutes les manœuvres obstétricales* peuvent s'accompagner de rupture utérine. Très rarement, celle-ci résultera de l'introduction d'instruments dans l'utérus : perce-membranes, perforateur, ciseaux de Dubois, etc. Elle peut résulter d'une dilatation cervicale trop rapide, soit instrumentale, soit manuelle, surtout si le col est altéré dans sa structure, par exemple par suite de la présence d'ancienne cicatrice. La rupture peut se produire au cours d'une délivrance artificielle, surtout si le placenta siège sur un segment inférieur aminci ou est retenu dans une corne. Elle peut être la conséquence d'une extension dangereuse d'incisions cervicales. Mais surtout elle peut se produire au cours d'une version ou d'une application de forceps. Au cours d'une version, la rupture utérine peut être la conséquence de l'introduction trop rapide de la main dans un col incomplètement dilaté ; plus fréquemment, la rupture se produira au moment de l'évolution fœtale ; enfin l'utérus peut être déchiré au cours de l'extraction, si la dilatation n'est pas absolument complète.

Au cours d'une application de forceps, l'utérus peut être rompu si le col est incomplètement dilaté, ou bien si une cuiller comprime la paroi utérine trop fortement sur le promontoire ou la symphyse.

Les *médicaments* qui peuvent être cause de rupture utérine sont ceux qui amènent des contractions du muscle utérin. Si ces contractions sont trop intenses, surtout si l'expulsion fœtale est retardée par suite d'un obstacle quelconque, le muscle utérin se déchire. L'ergot de seigle, autrefois si communément employé, est actuellement proscrit, pendant le travail, par tous les accoucheurs. Par contre, les extraits hypophysaires sont employés pendant l'accouchement, par nombre d'auteurs, pour renforcer ou réveiller la contraction utérine. Mais il est recommandé de n'employer qu'une dose minime, non renouvelée, et dans les cas où on peut être certain qu'aucun obstacle osseux ou musculaire ne s'oppose à l'expulsion fœtale.

*La rupture spontanée au cours du travail* est, de beaucoup, la plus importante

RUPTURE DE L'UTÉRUS

à étudier. Deux ordres *de causes* peuvent intervenir : l'altération des parois uté-rines et la présence·d'un obstacle quelconque à l'accouchement. *L'altération de la paroi utérine* peut consister en la présence *d'une tumeur* : fibrôme, cancer, ou bien *d'une cicatrice* : césarienne abdominale antérieure, déchirure ancienne ou section chirurgicale du col. Ces lésions cervicales agissent d'ailleurs le plus souvent comme obstacle à l'accouchement beaucoup plus que comme point fai-ble de la paroi. Le muscle utérin peut être de résistance amoindrie du fait de *la multiparité*. On sait que les utérus de multipares se rompent beaucoup plus aisément que les utérus de primipares.

*Les curettages* antérieurs sont une cause importante d'affaiblissement de la paroi. *L'insertion du placenta sur un segment* aminci facilite la rupture. Enfin, dans certains cas, on a pu observer des *altérations microscopiques* de la fibre musculaire, du tissu élastique, etc. Certains utérus paraissent *congénitalement* mal formés.

Par ailleurs, *tout obstacle* à l'accouchement peut être une cause de rupture : du côté du fœtus, présentation vicieuse, volume exagéré total ou partiel (hydro-céphalie) ; du côté de la mère, toutes les dystocies osseuses et cervicales, les tu-meurs prævia (fibrômes, kystes), etc.

La *pathogénie* de ces ruptures spontanées a été discutée. Pour les classiques, le segment inférieur, tiraillé au moment de la contraction utérine, s'allonge, s'amincit et finit par se déchirer, la déchirure étant amorcée soit par une alté-·ration de la paroi, soit par son aplatissement entre le bassin osseux et une par-tie fœtale. L'allongement du segment inférieur, avec son corollaire : l'ascen-sion de l'anneau de Bande, n'est pas admis par tous les auteurs. En tous cas, un rôle très important est joué par la compression de la paroi utérine entre le bas-sin maternel et la partie fœtale. Les tissus comprimés sont vidés de leur sang et, ischémiés, cèdent aisément. La compression portant le plus habituellement sur le segment inférieur, c'est lui qui cède le plus souvent.

L'étude *anatomo-pathologique* de ces ruptures spontanées montre, en dehors de la localisation habituelle au segment inférieur, que la rupture est le plus souvent complète, quelquefois incomplète interne, le péritoine restant intact, beaucoup plus rarement incomplète externe. Elle peut être compliquée, c'est-à-dire s'étendant aux organes voisins : vagin, vessie, rectum. La cavité péri-tonéale contient du sang, du liquide amniotique, etc... Du côté ovulaire, toutes les éventualités sont possibles : fœtus resté dans l'utérus, ou bien passé dans l'abdomen en totalité ou en partie, de même pour le placenta.

*Les symptômes* de la rupture spontanée sont très importants à étudier à la pé-riode d'état puisqu'une intervention d'urgence va s'imposer. Mais est-il possi-ble de prévoir la rupture ? Les classiques insistent sur quelques *signes prodro-miques* : la partie fœtale qui cherche à s'engager à travers le détroit supérieur paraît très superficielle à cause de la minceur du segment inférieur — l'utérus est divisé en deux segments séparés par un bourrelet saillant, anneau de con-traction situé au-dessus ou au voisinage de l'ombilic — la paroi abdominale est

RUPTURE DE L'UTÉRUS

œdématiée au niveau du segment inférieur. En fait, ces symptômes, importants quand ils existent, manquent souvent. On prévoit la rupture en raison des circonstances de l'accouchement. On doit la craindre parce que le travail dure depuis longtemps malgré les contractions intenses et fréquentes, parce qu'il existe une présentation vicieuse ou un obstacle quelconque. On la craint surtout s'il s'agit d'une grande multipare ou si quelque antécédent a retenu l'attention. La rupture spontanée, après un travail de courte durée, est tout à fait exceptionnelle.

Au moment où la rupture se produit, la femme éprouve une *douleur* très violente au niveau de l'abdomen. Elle peut percevoir un véritable *craquement* qui peut être entendu des assistants. Elle sent un *liquide* chaud s'écouler dans le ventre et, le plus souvent, les *contractions utérines douloureuses disparaissent*. A l'examen, on constate un ensemble de symptômes péritonéaux et hémorragiques : pâleur, pouls petit, fréquent, etc... Si le fœtus est dans la cavité abdominale, il paraît très superficiel et le globe utérin se rétracte rapidement. De toutes façons, le fœtus meurt, les bruits du cœur disparaissent.

Par la vulve s'écoule un sang noirâtre, poisseux, sang très chargé en acide carbonique, venant des sinus utérins. Le toucher ou le palper intra-utérin montreraient la situation fœtale et l'étendue des lésions. S'ils sont pratiqués, ce ne peut être que comme premier temps d'une intervention. Encore doit-on penser à la possibilité d'une rupture incomplète interne et veiller à ne pas déchirer un péritoine intact, si on explore l'utérus après l'expulsion ou l'extraction fœtale.

La mort est habituelle dans les heures qui suivent. La guérison sans intervention n'a été notée qu'à titre tout à fait exceptionnel. La mort peut avoir lieu sans grande hémorragie, par shock, infection.

Il faut noter la relative fréquence des *formes frustes* où la symptomatologie est très réduite. Seule, par exemple, l'inertie utérine attire l'attention, la suppression des contractions utérines obligeant à une extraction fœtale et le diagnostic de rupture utérine n'est fait que trop tardivement par l'aggravation rapide de l'état général et l'examen de la cavité utérine. Ou bien la rupture se fait au moment de l'expulsion fœtale, la délivrance ne se fait pas à cause de la paralysie du muscle utérin et le diagnostic de rupture est posé au moment où la main est introduite dans l'utérus pour faire une délivrance artificielle.

On voit comment le *diagnostic* peut être très difficile. En général, cependant, la rupture risque plus d'être méconnue que d'être confondue avec tout autre accident : placenta prævia, hématome pelvien, hémorragie rétroplacentaire. L'examen manuel intra-utérin doit être fait chaque fois qu'il existe un doute sur l'intégrité de la paroi.

Le traitement doit avant tout être prophylactique : surveiller attentivement les utérus menacés de rupture ; intervenir, s'il y a lieu, pour extraire l'enfant par des manœuvres aussi peu traumatisantes que possible. La rupture, une fois produite, il faut opérer, faire l'hystérectomie, la suture de la plaie étant en général impossible. Surtout il faut opérer aussi tôt que possible. Après 4 ou 5

RUPTURE DE L'UTÉRUS

heures, les chances de guérison sont bien minimes. Certains auteurs, dans les ruptures incomplètes internes, péritoine intact, parfois même dans certaines ruptures complètes ne saignant plus, ont préconisé le tamponnement intra-utérin, en recommandant de commencer par bourrer la mèche entre les deux lèvres de la plaie, repérées avec des pinces longues. L'hystérectomie précoce reste le moyen de choix.

P. Lantuéjoul.

## III

# Symptôme et Diagnostic
# des Anévrysmes artério-veineux

*par le Docteur Petit-Dutaillis*

**Définition.** — On donne le nom d'anévrysme artério-veineux à une lésion caractérisée par la communication permanente entre une artère et une veine.

Ces anévrysmes s'opposent à plusieurs titres aux anévrysmes artériels. Au point de vue étiologique, en ce qu'ils sont presque toujours d'origine traumatique, consécutifs à une blessure simultanée d'une artère et d'une veine par un corps vulnérant quelconque. Au point de vue anatomique, par la rareté du sac, d'une part, par le fait que ce sont toujours des anévrysmes faux d'autre part, le sac ou le trajet de communication étant constitué par du tissu fibreux tapissé intérieurement d'endothelium, sans qu'on n'y puisse jamais déceler les autres éléments musculaires ou élastiques des parois vasculaires intéressées. Au point de vue clinique enfin leur symptomatologie spéciale, leur évolution et leur pronostic les différencient nettement des autres variétés d'anévrysmes.

Les anévrysmes a. v. en raison même de leur étiologie peuvent donc affecter un siège très variable. En pratique, ils peuvent se voir en n'importe quel point du corps, mais c'est au niveau des membres qu'ils atteignent leur maximum de fréquence.

Il est classique de rappeler que pendant longtemps leur siège d'élection était le pli du coude, fait en rapport avec l'usage abusif de la saignée et la façon aveugle dont on la pratiquait. Actuellement, les anévrysmes a. v. des membres s'observent par ordre de fréquence à la racine de la cuisse, au creux poplité, à la jambe et enfin au bras. Nous prendrons pour type de description un anévrysme artério-veineux du creux poplité.

**Début clinique.** — Ce début clinique se présente dans des conditions très variables en pratique, suivant la nature de la lésion initiale et suivant qu'on est amené à voir le blessé aussitôt après la blessure ou longtemps après.

C'est ainsi que dans certains cas la blessure vasculaire a pu passer inaperçue au moment de l'accident, certaines plaies artério-veineuses pouvant revêtir le caractère de plaie sèche, en particulier lorsqu'un petit projectile passant entre artère et veine et les blessant au même niveau, provoque d'emblée la succion de l'artère par la veine au point blessé. Ce n'est parfois que plusieurs se-

SYMPTOME ET DIAGNOSTIC DES ANÉVRISMES ANTÉRIO-VEINEUX

maines après, alors que la blessure des parties molles, en apparence insigni-
fiante sera cicatrisée, que certains signes fonctionnels attireront l'attention du
côté de l'ancienne blessure. Mais le plus souvent on a pu constater immédiate-
ment après l'accident les signes d'un hématome artério-veineux, hématome
beaucoup moinsimportant qu'un hématome artériel, en raison de l'aspiration vei
neuse qui's'exerçait au niveau de la double lésion vasculaire, mais qui s'accom-
pagnait de souffle et de thryll ayant les mêmes caractères que ceux de l'anévrysme constitué. Dans ces cas on a pu voir l'hématome artério-veineux régres-
ser progressivement, après être passé par une phase d'organisation, où la réaction inflammatoire est à son maximum et contre-indique formellement l'intervention ; cette phase dure environ deux ou trois mois, après quoi l'anévrysme
artério-veineux est définitivement constitué en tant que lésion.

**Période d'état.** — Les signes fonctionnels qui amènent les malades à con-
sulter sont assez variables. Le plus souvent ce sont des sensations de fourmille-
ments ou d'engourdissement dans le membre atteint, une lourdeur, une fatigue
insolite de ce membre, à la suite d'une course de quelques kilomètres, traduisant une insuffisance d'irrigation sanguine. A ces symptômes s'ajoutent souvent un certain degré d'œdème et une légère cyanose des téguments au niveau
de la jambe et du pied. Enfin, plus rarement, c'est une dilatation des veines superficielles du membre qui attire l'attention du blessé et celui-ci se croit atteint de varices.

*Signes physiques.* — A l'inspection du membre, on ne recueillera en général que peu de renseignements au point de vue de l'anévrysme lui-même. L'expansion manque souvent à l'examen à jour frisant et le fait n'est pas pour
surprendre, étant donné la rareté du sac. On notera par contre la cicatrice de
l'ancienne blessure et son siège par rapport aux vaisseaux poplités ou de leurs
branches. Cette cicatrice est en général de petites dimensions, car ce sont les
petits trajets qui sont compatibles avec l'apparition d'une pareille lésion.

C'est la palpation et l'auscultation qui vont nous permettre de caractériser
l'anévrysme. Il ne faut pas s'attendre, pour la même raison que plus haut, à
trouver ici constamment une tumeur comme dans l'anévrysme artériel. Cette
tumeur fait en effet souvent défaut. Quand elle existe, elle est de volume modé-
ré, ne dépassant guère le volume d'une noix, elle est nettement pulsatile, mais
douée d'une expansion faible ; elle est par contre parfaitement et totalement ré-
ductible, car le plus souvent le sac, quand il existe, ne contient pas de caillots,
contrairement à ce qu'on observe dans les anévrysmes artériels.

Mais ce qui caractérise absolument l'anévrysme artério-veineux au point de
vue clinique, c'est la constatation d'un double symptôme, résultat d'une double perception tactile et auditive : *le thryll et le souffle* avec leurs caractères
propres. Le thryll n'est autre qu'un frémissement vibratoire que perçoit la
main qui palpe, il correspond au souffle perçu à l'auscultation de la lésion,
souffle fort, strident, comparé au bruit du vent, au bourdonnement de l'abeille.
Ce *thryll* et ce *souffle*, fait essentiel, sont *tous deux continus, à renforcement*

SYMPTOME ET DIAGNOSTIC DES ANÉVRISMES ANTÉRIO-VEINEUX

*systolique*. Cette périodicité du thryll et du souffle est fondamentale à retenir car lorsqu'elle manque, elle enlève à la constatation de ceux-ci toute espèce de valeur. Ces deux symptômes se rencontrent avec une intensité variable suivant l'ancienneté de la lésion. Si la lésion est au début on observe en général un souffle et un thryll assez faibles et très localisés. Si la lésion est assez avancée souffle et thryll peuvent être très intenses et s'entendre très loin de la lésion ; mais ils présentent alors un maximum d'intensité en un point et, ce point répond précisément à l'orifice de communication artério-veineuse. La propagation de ce souffle à distance est beaucoup plus marquée que dans les anévrysmes artériels. Elle se fait dans les deux sens, aussi bien vers la jambe que vers la racine de la cuisse, mais elle est toujours plus accusée en amont qu'en aval de la lésion, fait que l'on pouvait prévoir depuis que l'on sait que souffle et thryll sont des bruits liquidiens et que c'est vers le bout central de la veine que tend surtout à se précipiter le sang venu du bout proximal de l'artère. La distance à laquelle peut se propager le souffle en amont est parfois considérable. C'est ainsi qu'on peut parfois l'entendre au niveau du triangle de Scarpa et jusqu'au niveau des vaisseaux iliaques externes, dans le cas pris pour type, mais il s'atténue alors progressivement à partir de la lésion, tout en changeant de caractères ; le bruit continu disparaît, le renforcement systolique devenant seul perceptible.

Ces symptômes caractéristiques sont évidemment modifiés par la compression digitale des vaisseaux au-dessus et au-desous de l'anévryme. C'est ainsi que la compression en amont amène la disparition du thryll et du souffle, que la compression en aval amène leur exagération. Mais ce qui est intéressant à mettre en évidence, c'est qu'en observant les effets de la compression en amont et en aval de la lésion, au voisinage immédiat de celle-ci on peut très souvent arriver, par tâtonnements, à repérer un point très localisé, où la compression, faite du bout de l'index, voire avec l'extrémité d'un corps mousse, détermine la suppression de tous les signes de l'anévrysme. Ce fait est très important à constater, car il prouve que l'on a obturé momentanément l'orifice de communication artério-veineuse ; il a un double intérêt, thérapeutique d'une part, car il permet de localiser le siège exact de la lésion, diagnostique de l'autre, comme nous le verrons plus loin.

*Le retentissement de l'anévrysme sur la circulation artérielle* a été particulièrement étudié dans ces dernières années, à l'occasion des faits nombreux fournis par les blessés de guerre. La pression artérielle prise au Pachon en aval de la lésion, se montre toujours diminuée par rapport au côté sain, parfois même elle est nulle.

Les modifications de la pression artérielle en amont sont plus intéressantes à envisager. Pour les classiques, en effet, il y aurait toujours diminution de la pression en amont, du fait du point d'appel d'artère à veine, le sang passant brusquement d'une pression de 160 mm. de mercure dans l'artère à une pression de 8 ou 10 mm. de mercure seulement dans la veine, la dilatation de l'ar-

SYMPTOME ET DIAGNOSTIC DES ANÉVRISMES ANTÉRIO-VEINEUX

tère en aval s'expliquant pour Delbet par l'atrophie des parois du vaisseau par défaut de fonctionnement. En réalité les recherches récentes de Grégoire ont montré que c'était là une vue purement théorique. Les faits prouvent que non seulement il y a augmentation de la pression artérielle en amont au voisinage de l'anévrysme, mais que cette hypertension se manifeste sur toute l'étendue de l'arbre artériel, elle est constatable aussi bien aux radiales qu'à la fémorale. Cette hypertension est caractérisée par une augmentation plus ou moins considérable de Mx et de la pression différentielle. Cet excès de pression en aval rend compte beaucoup plus simplement de la dilatation du segment correspondant de l'artère, que la théorie classique. Cette hypertension sanguine générale s'accompagne en général d'une tachycardie légère (90 à 100).

Mais l'anévrysme a en réalité une répercussion plus lointaine encore, et c'est au niveau du cœur qu'il faut chercher la cause de cette hypertension. La radioscopie a montré la fréquence de l'hypertrophie du cœur chez ces malades et en particulier du ventricule gauche. *Ce retentissement cardiaque* des anévrysmes artério-veineux nous amène à parler d'un signe particulier décrit récemment par Nadine Dobrowolskaïa, qui est le suivant : la compression de l'artère au niveau ou en amont de l'anévrysme détermine un ralentissement instantané du pouls radial. Ce symptôme, pour M. Grégoire, peut s'expliquer par ce fait, que le cœur se trouve ici dans les mêmes conditions mécaniques qu'au cas d'insuffisance aortique. Il y a une fuite (traduite par la chute de la pression diastolique) que le myocarde doit compenser, d'où augmentation de la force et du nombre des systoles et hypertrophie du cœur gauche. En raison de la compression exercée au niveau de l'anévrysme, le travail du cœur retrouve ses conditions normales, d'où diminution du nombre et de la force des systoles.

*Le retentissement de l'anévrysme sur la circulation veineuse* est variable. Tantôt on n'observe qu'un peu d'œdème et de cyanose de la jambe et du pied, œdème dur souvent assez discret, sans dilatations veineuses superficielles. Ces faits correspondraient aux cas récents pour Cunéo et seraient en rapport avec la conservation de la suffisance valvulaire. Chez ces malades on constaterait pour cet auteur une augmentation légère de la pression veineuse générale au manomètre de Claude. Tantôt au contraire la dilatation des veines superficielles attire aussitôt l'attention. Ces veines dilatées sont en même temps pulsatiles, véritablement artérialisées. Ce serait le cas des anévrysmes de date déjà ancienne, où les valvules sont forcées ; on constaterait chez les malades une augmentation très marquée de la pression veineuse locale, qui au manomètre de Claude peut atteindre jusqu'à 50 cm. d'eau.

Enfin, le blessé accuse souvent une sensation de froid dans la partie inférieure du membre ; ces troubles fonctionnels ne seraient pas dus, pour Delbet, à la simple déperdition de chaleur par rayonnement et seraient en réalité en rapport avec des troubles complexes de la régulation thermique du membre.

Marche et complications. — Il est classique d'opposer la lenteur d'évolution et la bénignité relative des anévrysmes artério-veineux à la gravité des anévrysmes artériels.

SYMPTOME ET DIAGNOSTIC DES ANÉVRISMES ANTÉRIO-VEINEUX

Sans doute les signes fonctionnels qui accompagnent cette lésion sont moins marqués que dans les anévrysmes artériels, car le sac est souvent absent, les nerfs risquent peu ou pas d'être englobés dans une gangue inflammatoire péri-anévrysmale, la gangrène est exceptionnelle, du fait de l'absence habituelle de caillots dans le sac quand celui-ci existe.

Mais il ne faut rien exagérer ; si l'on a pu voir pendant la guerre certains soldats atteints d'anévrysme artério-veineux, reprendre un service actif sans gêne notable, ce sont là des cas très rares ; si cliniquement la lésion semble exceptionnellement susceptible de guérison spontanée, il semble bien que ce soit plutôt le fait des hématomes artério-veineux récents et non des anévrysmes constitués, et pratiquement on peut dire que l'anévrysme artério-veineux est une affection qui n'a aucune tendance naturelle à la guérison. On doit au contraire, toujours redouter l'apparition de complications. Tout d'abord ce peuvent être les complications locales au niveau de l'anévrysme ou de son territoire. C'est ainsi qu'on peut voir apparaître des douleurs névralgiques très vives, des troubles trophiques sérieux : œdème, pseudo-éléphantiasique, atrophie musculaire, ulcères rebelles rappelant les ulcères variqueux, sources d'hémorragies graves. Dans le cas d'anévrysme poplité, l'arthrite de voisinage peut s'observer; si le sujet est jeune, on peut craindre les troubles d'accroissement au niveau du membre atteint.

D'autre part, il existe des cas, bien que rares, où l'anévrysme peut augmenter rapidement de volume avec possibilité de rupture soudaine ; les faits observés chez les blessés de guerre, ont montré, contrairement à l'opinion des classiques, que le sac contenait parfois des caillots (Chevrier). On a démontré qu'un anévrysme artério-veineux pouvait se transformer en anévrysme artériel par oblitération secondaire de la communication veineuse (Chevrier), et par suite exposer les blessés à tous les dangers des anévrysmes de ce type.

Enfin, les observations récentes de Grégoire, de Leriche, ont rappelé que, bien qu'exceptionnelle, l'asystolie pouvait compliquer les anévrysmes artério-veineux à un moment de leur évolution, par retentissement progressif sur le cœur droit.

L'éventualité toujours possible de l'une ou l'autre de ces différentes complications doit donc conduire à intervenir systématiquement toutes les fois qu'une pareille lésion est constatée, étant donné les résultats remarquables de cette chirurgie.

**Formes cliniques.** — Ces formes offrent quelques particularités suivant le siège que peut occuper l'anévrysme et nous ne pouvons ici à cet égard qu'être assez brefs. Nous ne nous attarderons pas à étudier les anévrysmes artério-veineux des gros vaisseaux de la base du cœur, car ils n'ont aucun intérêt chirurgical, ils sont de plus exceptionnels ; ils n'ont de particulier que l'intensité de la gêne de la circulation veineuse qui les accompagne, de même que leur étiologie : ils sont le plus souvent consécutifs à un anévrysme de la crosse aortique, secondairement ouvert dans une grosse veine de voisinage. Leur pronostic est fatal.

SYMPTOME ET DIAGNOSTIC DES ANÉVRISMES ANTÉRIO-VEINEUX

Nous avons pris pour type de description un anévrysme du membre inférieur. Ceux du membre supérieur, plus rares, sont remarquables par la façon dont ils sont longtemps tolérés, la gêne fonctionnelle étant en général peu marquée, les troubles trophiques extrêmement rares. Nous signalerons à propos des anévrysmes a. v. des membres, ceux que l'on peut observer au niveau des moignons d'amputation ; ils sont intéressants au point de vue étiologique car ils reconnaissent le plus souvent comme origine un processus ulcératif d'origine infectieuse ; c'est au niveau des moignons qui ont suppuré que l'on a surtout l'occasion de les observer.

Nous insisterons enfin sur les anévrysmes a. v. de la tête et du cou. C'est ainsi que les anévrysmes jugulo-carotidiens se font remarquer par l'intensité de leurs signes physiques, ceux-ci se compliquant de la perception souvent très pénible du souffle par le malade, de même que par la particularité des troubles fonctionnels dus au retentissement cérébral de la lésion. Il est à noter aussi la lenteur avec laquelle ces anévrysmes retentissent sur les rameaux veineux superficiels qui ne sont qu'inconstamment et lentement dilatés, alors que leur répercussion cardiaque est au contraire importante et précoce. Au crâne enfin, on doit signaler les anévrysmes qui se traduisent par le syndrome bien connu de l'exophtalmos pulsatile et qui reconnaissent pour siège soit la carotide interne, dans son trajet endosinusien, soit une communication entre l'artère et la veine ophtalmiques.

**Diagnostic.** — Le diagnostic des a. a. v. est en général facile si l'on se rappelle que tout anévrysme de ce type se caractérise cliniquement par ces deux signes de Hunter : le thryll et le souffle à renforcement systolique. Cette symptomatologie a une telle valeur diagnostique qu'actuellement on peut dire qu'il n'existe pas une observation probante où ces signes aient existé au complet sans communication artério-veineuse.

Aussi comprend-on que le diagnostic soit très facile avec certaines lésions pouvant donner un thryll sans soufle : cas de compression d'un vaisseau par une tumeur de voisinage, par une exostose, par une bride cicatricielle ; il en est de même des affections qui peuvent s'accompagner de souffle avec ou sans thryll, le souffle et le thryll n'ayant pas leur périodicité caractéristique : tels les anévrysmes artériels où le souffle est discontinu.

Ce n'est donc qu'avec les rares affections où ces symptômes peuvent s'observer au complet que le diagnostic est à discuter :

Ce peut être le cas de certains sarcomes télangiectasiques à circulation lacunaire (Delbet). Mais la rapidité d'évolution et l'importance du volume de la tumeur font ici faire le diagnostic.

C'est le cas surtout des anévrysmes cirsoïdes. Mais ceux-ci ont un siège particulier (face, extrémités des membres), l'aspect des artères au pourtour de l'anévrysme sont toutes dilatées et flexueuses alors que dans l'a. a. v., la dilatation porte sur la seule artère intéressée. La compression de l'artère principale du membre en amont suffit à supprimer tous les signes dans l'a. a. v. alors que

SYMPTOME ET DIAGNOSTIC DES ANÉVRISMES ANTÉRIO-VEINEUX

ce fait ne se trouve jamais vérifié dans les anévrysmes cirsoïdes ; enfin la constatation du signe de Terrier, quand elle est possible, lève tous les doutes : jamais dans un anévrysme cirsoïde il n'est possible par une compression localisée, faite au niveau de la lésion, d'amener la suppression des symptômes de celle-ci.

Le diagnostic de l'a. a. v. étant établi, on en précisera le siège en s'aidant pour cela des signes fournis par la palpation et l'auscultation, et au besoin, dans les cas où un projectile existe encore, en repérant ce dernier à la radiographie et en déterminant le croisement de la ligne de ligature de l'artère avec le trajet du projectile (Cunéo).

Enfin on se rendra compte de l'état de la voie collatérale artérielle ; pour cela on comparera l'état du pouls en aval à ce qu'il devient après compression des vaisseaux soit en amont soit au niveau de la communication artério-veineuse. Si la tension augmente en aval après compression au niveau précité, on peut en conclure à une bonne suppléance par les collatérales et inversement. Cet élément est très important à déterminer pour le choix du mode d'intervention ; il permet de savoir si la chirurgie qu'on opposera à l'anévrysme pourra être radicale ou si au contraire elle devra être essentiellement réparatrice.

L'intervention chirurgicale est toujours indiquée lorsqu'on constate une semblable lésion, elle est indiquée même au cas où l'anévrysme se complique d'asystolie, car des faits tout récents ont prouvé que cette asystolie cessait aussitôt que la communication artério-veineuse était opératoirement supprimée.

IV

# Pyélonéphrites

*par le Docteur de Gaudart d'Allaines*

---

Les pyélonéphrites forment une classe assez disparate d'affections et même de lésions anatomiques. Le terme de P. N. signifie l'inflammation et la **suppuration** du rein et du bassinet. Mais à côté des lésions rénales, il y a des lésions urétérales : (urétéro-pyélonéphrites). Enfin, au cours ou avant la P. N., il est fréquent de voir le rein distendu contenir du pus : c'est la **pyonéphrose**, que l'on peut considérer soit comme une évolution, soit comme une forme clinique de la P. N.

ETIOLOGIE. PATHOGÉNIE.

En pratique, P. N. égale **infection**. Cependant, il y existe des cas où l'on a nommé P.N. des altérations rénales **aseptiques**.

I. P. N. ASEPTIQUES : (Guyon-Albarran).

P. N. par **rétention** aiguë ou chronique produisant dilatation et congestion de l'arbre urinaire, plus tard sclérose rénale.
**Substances toxiques** : balsamiques ; cantharides.
Ces affections sont négligeables en pratique.

II. P. N. SEPTIQUES :

**Microbes** : surtout **colibacille** (Albarran), les autres sont rares.
**Voie** suivie :

1. **Voie ascendante uretérale** :
Elle est exceptionnelle, car la disposition anatomique la défavorise.
Possible cependant chez les vieux urinaires distendus. L'urine septique infecte tout l'arbre urinaire où il n'existe plus de sphincter.
Il faut une rétention vésicale ancienne : rétrécis, prostatiques, cystites avec dilatation.

2. **Voie descendante hématogène** : (Thèse d'Albarran).
L'urine est la grande voie d'élimination des microbes.
a) **Septicémies** : suivie de bacillurie : fièvre typhoïde ; streptococcémie, etc.
b) **Lésions rénales anciennes** : constituant un appel pour les microbes. Surtout lithiase, hydronéphrose, rein mobile, néoplasmes.
c) **Stase intestinale** : colibacilles passés dans le sang ; c'est le mode d'infection chez les sujets bien portants. (Syndrome entéro-rénal (Heitz-Boyer).

3. **Voie lymphatique de contiguïté** :
   Exception.

4. **Voie lymphatique à distance** :
   Discutée.

**En résumé**, dans l'étiologie il y a 2 causes :
   1° Cause **locale**, lésion du rein, inconstante.
   2° Cause **générale**, infection, constante.

ANATOMIE PATHOLOGIQUE.

A. **Rein** : Néphrite

On peut voir tous les types, le plus souvent associés sur le même malade.
   1. Lésions congestives avec desquamation cellulaire et aspect trouble des cellules. Hémorragies interstitielles.
   2. Lésions de suppuration :
   Abcès miliaires corticaux ;
   Abcès en stries entre les pyramides.
   3. Lésions chroniques de sclérose totale ou segmentaire.

B. **Pyélite** : Soit aiguë, soit chronique. Bassinet épais, scléreux, induré.

C. **Uretérites** : Tantôt peu ;
   Tantôt, chez les vieux urinaires, uretérite intense. Uretère gros, bosselé, scléreux et infiltré. Fixé aux alentours par la périuretérite, ceci surtout en cas de dilatation de l'arbre urinaire.

D. **Pyonéphrose** en cas de distension rénale et rétention de pus.
   Grosse poche formée souvent par des abcès rénaux ouverts dans la poche, qui contient en même temps du pus et des urines.
   Lésions urétérales considérables, chez les vieux urinaires distendus.
   Périnéphrite scléro-lipomateuse.

**Conséquences physiologiques** :
   Les P. N. simples altèrent peu la fonction rénale.
   Les pyonéphroses l'altèrent beaucoup : certains reins sont fonctionnellement perdus.
   Le *rein opposé* participe quelquefois par des réactions légères. Son état est capital pour l'intervention.

SYMPTOMES.

Il y a un symptôme constant, c'est la :
   **Pyurie** (pisseurs de pus) totale, durable.
   Tantôt pyurie légère : urines pâles, opalescentes, ne se clarifiant pas : examen microscopique, culture sont nécessaires.
   Tantôt abondante ; dépôt au fond du vase.
   Elle s'associe à 2 symptômes :

PYÉLONÉPHRITES

**Polyurie** : polyurie trouble (Guyon : 2 à 3 litres).

**Pollakiurie** : nocture et diurne, sans cystite.

Ce sont là les signes communs des PN, mais suivant les formes, les PN revêtent une allure clinique très différente.

## I. PN sur un rein antérieurement sain :

PN descendante : grippe ou infection générale ; gonococcie.

Début : généralement assez brusque.

Signes généraux : température à 39°.

Douleur lombaire.

Frissons.

Anorexie.

État : Tout se réduit à la pyurie sans beaucoup de signes généraux. Quelquefois douleurs locales spontanées ou provoquées. Un peu de température : 38° ou plus.

Évolution : généralement bonne en quelques jours.

Quelquefois persistance de la puyrie et évolution vers les formes chroniques et la pyonéphrose.

Pas de signes de cachexie urinaire.

## II. PN chez les urinaires :

### 1. PN chez les lithiasiques :

Apparition généralement lente et sans grand fracas.

Les douleurs antérieures deviennent continues mais moins intenses.

Hématuries cessent.

Au lieu des phénomènes caractéristiques de la lithiase, on voit s'installer un état continu où domine le symptôme pyurie.

Points douloureux plus nets.

Quelques signes généraux peu marqués.

Évolution : généralement lente. Le calcul entretient l'infection.

Vers **pyonéphrose** ou **forme bilatérale**.

Dans les deux cas, on voit alors apparaître des signes de cachexie urinaire.

### 2. PN ascendante des vieux urinaires avec dilatation préexistante.

Rétrécis, prostatiques, calculeux, néoplasiques. Malades sondés depuis longtemps, ayant déjà des urines troubles. Alternatives de bonne santé et de mauvais état général.

Généralement forme bilatérale donc grave.

Début : quelquefois brusque à la suite d'une opération sur les voies urinaires. Généralement lent, insidieux : c'est une maladie chronique d'emblée.

État :

**Polyurie trouble** : quelquefois intermittente.

Urée très diminuée : 2 à 3 gr. par 24 heures.

Albuminurie constante.

PYÉLONÉPHRITES

**Douleur** : spontanée et provoquée. Fréquente. Souvent urétérite avec tous les points douloureux.

**Signes généraux** : constants car c'est une forme bilatérale. Ils dominent le pronostic.

**Température** : ou grandes oscillations jusqu'à 40.

ou petites autour de 38, avec petits frissons, parfois apyrexie.

**Cachexie buccale** : aspect de la langue, amaigrissement, dysphagie, diarrhée.

**Le Dosage de l'urée sanguine** montre une forme azotémie.

Évolution : mauvaise, progressive, avec quelques épisodes aigus vers le **Coma urinaire**.

## III. **PN gravidique** :

1. Compression de l'uretère.
2. Infection hématogène d'origine intestinale (constipation).

Début : Phase de présuppuration (Bar), urines microbiennes avec température.

État : Signes classiques avec signes généraux intenses. Température à 40, oscillante, mais état général reste bon si PN unilatérale.

Évolution : Guérison complète après accouchement, mais récidive à chaque grossesse.

Parfois accouchement prématuré avec mort du fœtus.

## IV. **Pyonéphrose** : Elle survient comme :

Soit aboutissant d'une forme précédente ;

Soit infection d'une hydronéphrose ancienne et bien tolérée.

C'est une PN avec distension.

Généralement elle apparaît lentement, précédée d'une longue phase de PN. Trois symptômes :

1. Alternatives de mictions abondantes et de rétention rénale.

**Rétention.**

Oligurie
Douleur.
Température
Tumeur.

Puis déblocquage : polyurie, chute de la température, cessation des douleurs.

2. **Tumeur** : mal limitée, empâtée, fixe.
3. Signes d'**intoxication urinaire** : constants et progressivement croissants.

Évolution : Pas de tendance à la guérison. Évolue vers cachexie urinaire.

### COMPLICATIONS

Les **Périnéphrites** peuvent compliquer aussi bien les PN que la pyonéphrose, mais il y a toujours périnéphrite autour d'une pyonéphrose, ce qui a un grand intérêt opératoire.

PYÉLONÉPHRITES

Soit périnéphrite scléro-lipomateuse ;
Soit périnéphrite suppurée. C'est le phlegmon périnéphritique.

DIAGNOSTIC :

En présence d'une **pyurie rénale** il faut faire certaines recherches :

1. **Cystoscopie** :
Etat de la vessie : normal ou non (cystites).
Méat uretéral : normal ou quelquefois oedématié ; arrondi ; déchiqueté dans les cas anciens.
Ejaculation : claire ou trouble.

2. **Cathétérisme uretéral** :
Peut renseigner sur la présence de calculs ;
sur la rétention dans le bassinet (pyonéphrose).

3. **Examen isto-bactériologique** :
Histologie : pus, calculs, etc.
Bactériologie : (Koch ?)

4. **Urétéro-pyélographie** :
Collargol : contre indiqué si malade fébrile pour beaucoup d'urologues.
Montre bassinet. Radio montre calcul.

5. **Examen fonctionnel du rein** :
Azotémie.
Constante d'Ambard.
Concentration maxima d'urée.
Epreuve capitale pour le traitement.

DIAGNOSTIC DIFFÉRENTIEL : généralement facile.

1. *Puyrie rénale* : diagnostic de tuberculose : examen de laboratoire.
Si ce n'est pas une pyélonéphrite tuberculeuse, c'est une suppuration rénale banale ; reste à en déterminer la cause, c'est souvent délicat.

2. *Pyonéphrose* : Tumeur. Il est très rare que les signes généraux manquent au point de faire penser à une tumeur du rein.

TRAITEMENT.

A. PN. *Traitement non opératoire* : dans les formes bilatérales, chez les vieux urinaires infectés, dans la PN gravidique, dans les formes légères.
Antiseptiques urinaires ; régime ; vaccinothérapie ; bains ; repos au lit.
Lavages du bassinet ; quelquefois très bons résultats.
Dans PN gravidique, l'accouchement provoqué est très rare.
Le traitement non opératoire est très fréquemment employé.

B. *Traitement opératoire* : Dans des cas invétérés et dans les cas de lésion rénale préexistante.

PYÉLONÉPHRITES

Néphrotomie : peu indiquée, car n'atteint pas tous les foyers purulents, mais indiquée si PN lithiasique pour retirer des calculs cause de tout le mal.

Néphrectomie : en cas de rein opposé sain.

**Pyonéphrose** : toujours traitement opératoire.

Opérations plastiques : pour hydro-pyonéphroses : résultats très aléatoires en pratique elles sont abandonnées par tous les auteurs.

Néphrotomie : opération de choix avec néphrectomie ultérieure s'il le faut.

Néphrectomie : si rein opposé sain, mais difficile, car périnéphrite.

Donc importance capitale de l'état de l'autre rein.

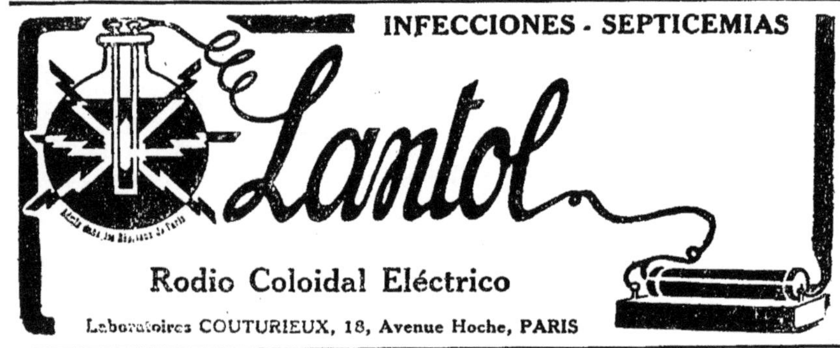
INFECCIONES - SEPTICEMIAS
Lantol
Rodio Coloidal Eléctrico
Laboratoires COUTURIEUX, 18, Avenue Hoche, PARIS

FURONCLES, STAPHYLOCOCCIES.
Stanion
Etain
colloïdal
En capsules : 2 à 10 par jour.
En ampoules de 3 c. c. : 1 à 2 à la fois.
Lab. CH. COUTURIEUX, 18. Avenue Hoche, Paris.

## V

# Formes cliniques de la Pneumonie

*par le Docteur Bocage*

Infection aiguë du parenchyme pulmonaire par le pneumocoque, la pneumonie présente sa

FORME FRANCHE AIGUE CYCLIQUE

chez l'adulte normal

Le début en est brutal, quelquefois à la suite d'un refroidissement,

par un *frisson* unique, intense, solennel, prolongé, obligeant le malade à s'aliter,

parfois un vomissement,

un *point de côté* violent, et de la toux.

Rapidement la *température* s'élève, atteignant d'emblée 40°, le *pouls* la suit, s'accélérant à 100-120, dur, serré.

### 1ʳᵉ phase. Engouement.

*Signes physiques :* Le premier jour il est rare que le foyer soit net : un côté du thorax est un peu immobilisé ; son *expansion diminuée ;* on y trouve une zône de *submatité,* parfois précédée d'un tympanisme transitoire ; à ce niveau la *respiration* est le plus souvent *obscure,* ou bien rude.

Le lendemain, dans la même région, apparaissent les *râles crépitants :* ce sont de petites bulles fines, sèches, égales, qui éclatent en bouffées *à la fin de l'inspiration,* parfois seulement après la toux. Leur présence permet d'affimer le diagnostic de pneumonie.

*Signes fonctionnels.* La *respiration* est *accélérée,* très superficielle du fait de la sensibilité du thorax.

Le *point de côté* qui est apparu avec le frisson ou quelques heures après, siège en avant dans la région *sous-mammaire,* le plus souvent en rapport avec le niveau du foyer.

La *toux* est fréquente, pénible, quinteuse, le malade arrachant avec effort quelques rares *crachats* très *visqueux,* très adhérents, aérés, d'abord incolores, puis jaune ambré ; vers le troisième jour ils prennent une *coloration rouillée* caractéristique en même temps qu'ils augmentent d'abondance ; plus rarement ils sont nettement sanguinolents. On y trouve du pneumocoque pathogène pour la souris ; ils contiennent beaucoup de mucine mais pas de fibrine.

# FORMES CLINIQUES DE LA PNEUMONIE

## 2ᵉ phase. Hépatisation.

*Signes physiques.* Vers le troisième jour les signes physiques sont au complet :

Un bloc de *matité franche* à contour net siégeant un peu au-dessus de la base, le plus souvent à droite, indique le foyer d'hépatisation ;

Les *vibrations* sont *exagérées* à ce niveau.

Le murmure vésiculaire est remplacé par le *souffle tubaire* qui succède aux râles crépitants : c'est un souffle rude, intense qui couvre les deux temps de la respiration. Il s'accompagne de bronchophonie.

La *radioscopie* montrerait une ombre *triangulaire* à base corticale, à sommet plus ou moins rapproché du hile.

*Signes généraux* : L'aspect du malade est caractéristique : le facies animé, le regard brillant, les ailes du nez battantes, le teint coloré avec une *rougeur* particulière de *la pommette* du côté malade ;

Un bouquet d'*herpès*, apparu le deuxième jour, est en pleine efflorescence à l'angle des lèvres ou des narines.

La *langue*, pointue, saburrale, est très sèche dans les formes graves.

Le malade accuse une *soif vive*, son anorexie est absolue.

L'*insomnie* est habituelle, et beaucoup de sujets ont un peu de délire nocturne.

La *température* est à 40°, et va s'y maintenir sans rémission, baissant à peine d'un demi-degré le matin.

Le *pouls* est très accéléré à 100-120 ou plus, vibrant et bien frappé. Serré au début, il s'élargit plus tard et présente souvent un léger dicrotisme.

La tension artérielle, d'abord élevée, baisse légèrement ensuite.

Les battements du cœur sont énergiques.

Les *urines* sont rares, au-dessous de 500 gr. par 24 heures, foncées, avec une teinte rouge-orangé caractéristique, constamment albumineuses ; elles sont pauvres en chlorures, et leur toxicité est très diminuée, puis vers la fin de la période d'état il y a de l'hyperazoturie.

Les autres appareils sont moins touchés. Seul, le *foie* est souvent congestionné, un peu augmenté de volume, son atteinte se traduit par l'*urobilinurie* qui est constante, et plus rarement par la présence de sels biliaires dans l'urine et même par du subictère.

L'examen du *sang* révèle de la polynucléose et l'augmentation de la fibrine. L'hémoculture permet de trouver le pneumocoque dans les heures qui suivent le frisson initial.

## Crise.

L'*évolution* de la pneumonie est *cyclique* : la fièvre et tous les symptômes généraux se maintiennent pendant sept jours et cèdent brusquement dans une crise très caractéristique. Souvent la veille une exacerbation de tous les symptômes fait craindre une issue fatale : la dyspnée devient plus intense, la température monte encore d'un demi-degré, le pouls faiblit un peu et présente quel-

FORMES CLINIQUES DE LA PNEUMONIE

ques irrégularités, le faciès s'altère, la prostration s'accentue, mais chez les sujets résistants, *cette phase précritique* est suivie d'un sommeil réparateur qui amorce la crise.

Le lendemain matin, généralement au 8° ou 9° jour de la pneumonie, le malade se réveille baigné de sueurs avec une sensation particulière *d'euphorie ;* la *fièvre* est *tombée* brusquement : la température est normale, le pouls calme, régulier, la respiration facile, le point de côté disparaît, et l'expectoration diminue et se fluidifie ; la langue redevient humide et se nettoie ; l'appétit renaît. Enfin, la *diurèse* augmente brusqument et pendant quelques jours le malade évacue deux litres d'urines troubles, hypotoxiques, très riches en chlorures, en sels minéraux et en urée.

## Terminaison.

Pendant ce temps les signes pulmonaires se modifient : le souffle tubaire s'affaiblit, remplacé peu à peu par de petits râles humides, fins, aux deux temps, les *sous-crépitants* de retour, qui annoncent que le parenchyme pulmonaire reprend sa perméabilité normale.

Au bout de 48 heures, on ne perçoit plus le souffle, la matité s'atténue ; et vers le 5° ou le 6° jour, quelquefois un peu plus tard, tout signe physique a disparu.

La convalescence est remarquablement courte et la restitution *ad integrum* est la règle.

Tel est le type classique, d'ailleurs relativement rare, de la pneumonie franche aiguë, chez un adulte jeune et sans tare.

On a décrit un très grand nombre de formes cliniques de la pneumonie . En en raison de la grande influence qu'a le terrain sur leur évolution, on peut commencer par les étudier aux différents âges de la vie ; on montrera ensuite comment un état pathologique antérieur ou des associations morbides peuvent modifier l'aspect clinique de la maladie, et, dans ce cadre, on individualisera toute forme qui comporte un diagnostic ou un pronostic particulier.

## VARIÉTÉS DU FOYER PNEUMONIQUE

Avant d'étudier ses différentes formes évolutives, signalons quelques variétés symptomatiques du foyer pneumonique.

*Pneumonie du sommet.* — Quand il siège au sommet, le bloc d'hépatisation est difficile à découvrir ; il faut ausculter tout en haut « dans la sueur de l'aisselle » ; parfois la percussion y donne un bruit de pot fêlé. A la radioscopie on trouve le bloc opaque dans le lobe supérieur ; un peu au dessous du sommet proprement dit qui est généralement libre (les foyers antérieurs, sous-claviculaires sont très rares et doivent faire penser plutôt à la pneumonie caséeuse).

Difficile à trouver la pneumonie du sommet est encore intéressante par son évolution ; car on l'observe surtout chez *les enfants, les vieillards,* et les sujets

FORMES CLINIQUES DE LA PNEUMONIE

*débilité ou intoxiqués* comme nous le verrons plus loin : elle prend chez les moins résistants un caracéère de *haute gravité*, qu'elle n'a pas chez un adulte normal.

*Pneumonie centrale.* — On désigne sous le nom de pneumonie centrale des formes dans lesquelles tout signe physique manque, bien que les symptômes généraux et fonctionnels, l'expectoration même, soient caractéristiques. Ce n'est que vers le 5e ou 6e jour que les crépitants et le souffle apparaissent, comme si un foyer d'abord profond se développait, ensuite vers la superficie : cette pneumonie centrifuge dont l'existence a été démontrée récemment est rare ; presque toujours la radioscopie montre le foyer d'emblée en contact avec la paroi thoracique : il s'agit de pneumonies «silencieuses» siégeant le plus souvent très haut au voisinage du sommet, ou répondant à des pneumococcies dans lesquelles la localisation pulmonaire est tardive.

*Pneumonie massive.* — Dans d'autres cas, le foyer est silencieux par abolition complète du murmure vésiculaire ; il y a une matité étendue avec absence de vibrations ; il n'y a pas d'expectoration ; aussi peut-on penser à un épanchement pleural alors qu'il s'agit d'une pneumonie massive dont l'exsudat fibrineux remplit jusqu'aux grosses bronches.

*Pleuropneumonie.* — Enfin la présence d'une mince lame de liquide séro-fibrineux, en cas de pleuropneumonie, vient modifier les signes physiques du foyer en abolissant les vibrations et en donnant de la bronchoégophonie. Cette forme peut évoluer secondairement par la suppuration du liquide, pleurésie parapneumonique, infiniment plus rare que la pleurésie métapneumonique de la convalescence.

Dans la règle, le foyer pneumonique est unique, mais il existe des *pneumonies doubles* souvent graves, et on décrit une *pneumonie migratrice* à foyer unique mobile ou à plusieurs foyers successifs que nous étudierons à propos de la grippe.

Parmi les formes évolutives, nous décrirons d'abord les :

### FORMES D'APRÈS L'AGE

#### L'enfant.

Fait des formes très bruyantes, d'évolution généralement bénigne bien que la localisation au sommet soit très fréquente.

Le *début* est brusque, d'ordinaire par un *vomissement*, qui remplace le frisson ; la température monte souvent par échelons progressifs ; le *point de côté* est volontiers *abdominal*, pouvant à droite simuler une crise d'appendicite.

Mais la rougeur de la pommette est caractéristique ; l'*herpès* constant, on le signale quelquefois à l'anus.

On peut voir survenir un *rash* morbilliforme ou scarlatiforme dans les deux premiers jours.

*S. G.* — A la *période d'état*, les réactions nerveuses sont violentes, des acci-

FORMES CLINIQUES DE LA PNEUMONIE

 filents *éclamptiques* chez les tout petits, la somnolence *comateuse*, ou bien le délire chez les enfants plus âgés sont les trois aspects cliniques principaux de ce qu'on appelle la *forme cérébrale* de la pneumonie.

On rencontre souvent aussi une *forme méningitique* avec céphalée intense, raideur de la nuque, signe de Kernig et quelquefois une réaction cytologique discrète du liquide céphalo-rachidien.

La température très élevée, le pouls très rapide, traduisent une infection grave, alors que le foyer pneumonique est difficile à mettre en évidence.

*S. F.* — Bien souvent d'ailleurs il s'agit de *pneumonie centrale* ou de pneumonie du *sommet*. Au début, le *défaut d'expansion* de la région sous-claviculaire avec skodisme au même point est un bon signe de localisation. Plus tard on trouvera une légère submatité, du retentissement du cri et de la toux avec quelques râles crépitants et une respiration soufflante.

L'*évolution* est le plus souvent bénigne, sauf l'apparition de complications pleurales ou péricardiques. La guérison est précoce, souvent précédée de fausses défervescences vers le 3° ou 4° jour. La crise est d'une netteté particulière ; elle est parfois suivie d'une épicrise impressionnante avec dépression intense du malade pouvant aller jusqu'à l'état de mort apparente.

C'est aussi chez l'enfant que l'on rencontre le plus grand nombre de formes abortives qui guérissent en quelques jours, dépassant à peine le stade d'engouement.

La pneumonie existe chez le *nourrisson*, très rare, mais particulièrement grave avant le 6° mois. On l'a même rencontrée à la naissance chez le fœtus, d'ailleurs très rapidement mortelle.

## Vieillard.

La pneumonie du vieillard est extrêmement fréquente, elle contraste par sa gravité avec celle de l'enfant, alors que son tableau clinique est souvent très discret.

C'est au vieillard, en effet, qu'appartiennent surtout les *formes larvées* de la pneumonie : elles débutent par quelques frissonnements, un malaise accompagné d'un peu de toux et d'un point de côté.

La maladie peut garder cette *forme grippale* et si le sujet respire trop faiblement son foyer n'est pas perçu ; tandis que les vieux tousseurs font des *formes bronchitiques* où sibilances et ronchus couvrent tout. Cependant il est généralement possible de mettre en évidence un peu de submatité correspondant à une zône où la respiration est rude avec quelques râles muqueux ; c'est là que siège le foyer qu'on trouvera fréquemment au sommet.

En général le malade ne crache pas, sinon son expectoration est souvent mucopurulente banale, parfois d'une teinte spéciale vert pré.

La fièvre monte moins vite que chez l'adulte : elle atteint 40° mais retombe rapidement autour de 38 et s'y maintient. Le pouls qui s'est accéléré dès le début reste rapide et faiblit vite. Le facies est quelquefois révélateur, mais c'est

FORMES CLINIQUES DE LA PNEUMONIE

surtout la *langue* tout à fait *sèche*, parcheminée, rôtie qui montre la gravité de l'infection. D'ailleurs le malade très abattu perd rapidement ses forces et succombe en quelques jours par asthénie cardiaque.

Il y a des *formes algides* sans fièvre où le refroidissement des extrémités, la cyanose font prévoir une mort précoce.

Très fréquentes sont aussi à cet âge les formes *semi-latentes* avec peu de fièvre : c'est un vieillard qui se sent fatigué, accuse un léger malaise et se couche toussant un peu ; il est abattu, ne mange pas, sa langue est sèche. Il ne tarde pas à s'éteindre doucement dans l'adynamie. Ce n'est qu'en auscultant très attentivement dans l'aisselle qu'on aurait trouvé un très petit foyer du sommet.

Il y a même des formes complètement latentes, *ambulatoires*, qu'on découvre presque par hasard à l'auscultation : c'est alors qu'on peut voit survenir des accidents soudains de type *apoplectique* à l'autopsie desquels on trouve un bloc d'hépatisation grise.

Chez le vieillard les *complications* cérébrales sont très fréquentes sous forme d'encéphalite pneumonique, d'artérite ou de plaques de méningite suppurée ; elles se traduisent cliniquement par des accidents *hémiplégiques*.

Enfin les troubles psychiques même peuvent être le premier signe révélateur d'une pneumonie à forme *délirante* qu'on risque de méconnaître en croyant à de la démence sénile.

Terminons en indiquant que les vieillards confinés au lit meurent habituellement d'une bronchopneumonie subaiguë qu'on qualifie d'ordinaire *pneumonie hypostatique*.

Tels sont les principaux aspects de la pneumonie aux âges extrêmes de la vie.

## Adultes.

Chez l'adulte sain elle tend à conserver sa forme cyclique, exceptionnellement compliquée d'une *reprise*. Mais il n'est pas rare que la pneumonie soit *prolongée*, la défervescence se faisant tardivement et lentement, sans que le pronostic en soit notablement aggravé. Dans quelques cas la persistance anormale des signes d'auscultation fait qualifier *pneumonies chroniques* certaines formes traînantes.

Parmi les modifications légères du tableau clinique, signalons la *forme bilieuse* qui s'accompagne de troubles gastro-intestinaux, de vomissements, de diarrhée, d'un état saburral des voies digestives et même de subictère : cette forme a tendance à évoluer vers l'adynamie.

Au cours de certaines épidémies, ou chez des individus peu résistants, les phénomènes septicémiques peuvent être prédominants et la maladie prend sa *forme typhoïde* : le début en est souvent progressif, précédé de plusieurs jours de malaises ; à la période d'état, la température est très élevée, le pouls rapide, mal frappé, l'apparence du malade est celle d'un typhique avec stupeur, prostration, langue sèche et fuligineuse, la rate est grosse, le ventre ballonné ; il y a de la dyspnée, peu importante parfois, sans toux ni expectoration, et même sans

FORMES CLINIQUES DE LA PNEUMONIE

point de côté. Par contre le foyer d'hépatisation est toujours net. Le pronostic de ces formes est particulièrement sombre : l'hémoculture ou l'inoculation du sang à la souris montrent l'importance de la pneumococcémie, à laquelle le malade succombe.

On peut en rapprocher certaines *formes infectantes* qui s'accompagnent de localisations suppurées multiples.

## FORMES SUIVANT LE TERRAIN PATHOLOGIQUE

Ces formes graves se montrent surtout chez des sujets débilités et l'importance du terrain apparaît bien davantage quand on étudie la pneumonie chez les :

### Alcooliques.

Chez eux, les symptômes généraux aussi bien que l'évolution locale du foyer acquièrent une gravité exceptionnelle : c'est presque toujours une pneumonie du *sommet.*

Dans la forme *ataxoadynamique*, dès le premier jour, la fièvre est intense, le délire violent, le teint coloré, la langue et les lèvres trémulantes sont caractéristiques ; le corps est couvert de sueurs, puis après une première période d'agitation extrême qui s'exaspère la nuit, survient une brusque prostration : le malade se calme, son pouls faiblit, devient irrégulier, le facies change, la langue sèche se couvre de fuliginosités et la mort survient dans le collapsus. Un délire important coïncidant avec une fièvre modérée est un signe de haute gravité.

Chez l'alcoolique la pneumonie se *complique* souvent de *delirium tremens*, soit d'emblée, soit au bout de quelques jours ; l'agitation extrême du malade rend l'examen très difficile et fait quelquefois méconnaître la pneumonie ; le pronostic en est sévère.

*L'ictère* est aussi une complication assez spéciale aux alcooliques ; tantôt léger, bénin durant quelques jours, tantôt à type d'ictère grave avec ses hémorragies multiples, et se terminant par la mort.

Si le malade résiste quelque temps, la pneumonie évolue souvent vers *l'hépatisation grise suppurée* : la défervescence ne se fait pas, la température reste oscillante ou tend à monter ; le facies est mauvais, le teint plombé, ou subictérique, la langue rôtie ; il y a du délire ou de la carphologie, le pouls s'affaiblit.

*L'expectoration* rouillée, aérée, visqueuse, du début, se modifie et devient noirâtre, *jus de pruneaux* ou gris verdâtre. Le malade succombe généralement vers le 10e ou 12e jour.

Ces formes graves suppurées de la pneumonie ne sont évidemment pas spéciales aux seuls alcooliques, bien qu'elles soient fréquentes chez eux, on les rencontre encore chez tous les sujets *tarés* à résistance diminuée.

Ainsi les *urémiques* font facilement de *l'hépatisation grise suppurée*, ou parfois de la *gangrène pulmonaire secondaire.*

FORMES CLINIQUES DE LA PNEUMONIE

Chez les DIABÉTIQUES on rencontre des pneumonies sans fièvre, mais avec une dyspnée intense : l'évolution en est souvent foudroyante en 24 ou 48 heures.

Chez les CARDIAQUES la pneumonie est insidieuse, latente, se confondant avec l'apoplexie pulmonaire à laquelle elle succède souvent : l'asystolie en est rapidement aggravée et le malade succombe dans la cyanose.

## FORMES SUIVANT DES ASSOCIATIONS MORBIDES
## ET L'ÉTIOLOGIE

### Tuberculose.

Chez les tuberculeux la pneumonie peut n'avoir pas de gravité spéciale et même ne pas modifier une lésion chronique : d'autres fois elle en provoque un réviel. La pneumonie est une cause de mort chez les vieux tuberculeux cachectiques. Dans certains cas d'ailleurs le diagnostic peut être très difficile entre une poussée de tuberculose aiguë à forme pneumonique ou un incident pneumococcique chez un tuberculeux : l'herpès, l'abondance particulière du pneumocoque et l'absence de bacille de Koch dans l'expectoration sont des éléments importants en faveur de la pneumonie vraie.

### Grippe.

Parmi les maladies aiguës, c'est la grippe qui provoque le plus grand nombre de pneumonies : ici encore la distinction nosologique reste délicate entre la bronchopneumonie pseudolobaire grippale et la pneumonie vraie. Pratiquement il s'agit de malades qui, après un premier stade d'infection grippale brutale avec courbature intense, fièvre élevée, bronchite diffuse, ont eu au 3e jour la petite défervescence du V grippal : c'est alors que brusquement la température remonte et qu'un point de côté apparaît ; en même temps la toux devient pénible, quinteuse, ramenant des crachats rouillés, et un foyer d'hépatisation se développe : la mobilité de ses signes et son évolution irrégulière le caractérisent. En outre, ces malades, très asthéniés, ont une tendance à la défaillance cardiaque.

### Rhumatisme.

Au cours du rhumatisme articulaire aigu, la pneumonie est rare, si l'on ne désigne pas sous ce nom les congestions pulmonaires aiguës, si fréquentes dans cette affection.

### Typhoïde.

Signalons parmi les associations morbides la typhoïde : cette maladie peut succéder à la pneumonie ou se compliquer de pneumonie, mais elle peut causer aussi à elle seule l'hépatisation du poumon : le diagnostic n'en est possible que par les recherches bactériologiques sur les crachats et le sang des malades.

5.

## FORMES CLINIQUES DE LA PNEUMONIE

### Peste.

Dans certaines conditions épidémiologiques, il faut penser à la peste : on trouve souvent le pneumocoque associé au bacille de Yersin.

### Paludisme.

Les paludéens enfin ont des pneumonies larvées, difficiles à distinger des congestions pulmonaires si fréquentes chez eux : la courbe thermique est généralement troublée par les accès fébriles. Le pronostic en est sévère.

### Traumatisme.

On décrit une forme *contusive* consécutive aux traumatismes thoraciques : elle se développe insidieusement sans frisson dans les trois premiers jours qui suivent l'accident : la douleur et la dyspnée persistantes, parfois une hémoptysie en sont les signes avant-coureurs. Son évolution ne présente par la suite rien de spécial.

## FORMES COMPLIQUÉES

Nous en aurons terminé avec les formes cliniques de la pneumonie en signalant sa gravité chez la FEMME ENCEINTE, où elle cause souvent l'avortement ;

et en rappelant l'existence de FORMES COMPLIQUÉES dont les principales ont été déjà décrites : formes septicémiques ;

formes avec *méningite* suppurée ;

formes avec *suppuration pleurale* ou *pulmonaire*, ces dernières se produisant plus volontiers à la convalescence, donnant alors une pleurésie interlobaire ou un gros abcès.

Il faut mentionner les formes avec : *arthralgies* le plus souvent bénignes ;

avec : *annurie*, tout à fait exceptionnelle ;

et avec : *péricardite purulente*, complication particulièrement grave, souvent méconnue, et d'ailleurs rare.

En pratique, — « si la maladie est au poumon, le danger est au cœur » (Huchard), — c'est le *collapsus cardiaque* qui rend la pneumonie si redoutable sur les mauvais terrains, et c'est la grande complication à craindre dans toutes ses formes cliniques, tant au cours de la période fébrile qu'au début de la convalescence.

# Index Bibliographique de l'A. E.

### *Hémorragies méningées*

1. Hémorragies méningées sous-dure-mériennes traumatiques du nouveau-né, par P. Lantuéjoul. — *Gazette des Hôpitaux*, 1922, n° 22.

2. Question d'internat. — *Gazette des Hôpitaux* 1912, n°ˢ 110, 113, 116, 119.

3. Les épanchements sanguins intracrâniens d'origine traumatique sans fracture du crâne chez l'adulte, par Yves Bourde. — *Gazette des Hôpitaux*, 1922, n° 2.

4. Les hémorragies méningées médicales, par Louis Ramond. — *Journal de Médecine et chirurgie pratiques*, 1922, *Article n° 26964*.

5. F. clin. des hémorragies méningées, par L. Ramond. — *La Clinique 1914*, n° 13.

6. Traité path., Sergent. — *T. I., p. 465*, par Guillain.

7. Livre du Médecin (Méningites), *p. 245* par Castaigne et Paisseau.

### *Rupture de l'Utérus*

1. Les ruptures de l'Utérus pendant le travail, par Potocki. — *Bull. Méd.* *1911, mai*.

2. Précis d'Accouchement, par Dubrisay et Jeannin.

3. Eléments d'Obstétrique, par V. Wallich.

### *Anévrysmes artério-veineux*

1. Les anévrysmes artério-veineux, par Jean Braine. — *Gazette des Hôpitaux, 1919, n° 39*.

2. Précis de Pathologie chirurgicale, par Lecène. — *T. I. p. 475*.

### *Pyélonéphrites*

1. Le syndrome entéro-rénal, par Heitz-Boyer. — *Journal Médical Français*, *T. XI, n° 5*.

2. Des pyélonéphrites dites gravidiques, par A. Couvelaires. — *Id*.

3. Des troubles intestinaux qui favorisent l'infection coli-bacillaire des reins, par Jean-Charles Roux. — *Id*.

INDEX BIBLIOGRAPHIQUE DE L'A. E.

4. Les corrélations fonctionnelles du rein et de l'intestin, par E. Schulmann. — Id.

5. Question d'internat. Pyélonéphrites : *Vie Médicale*, oral, n° 17.

6. La pyélonéphrite gravidique, par Paul Couinaud. — *Phare Médical* 1922.

7. Pyélonéphrite puerpérale, par de Berne Lagarde et Vaudescal. — *Hôpital*, octobre 1922.

8. Colibacillose au cours de l'état puerpéral. — *Bulletin de l'A. E.* n° 2.

9. F. clin. des Pyélonéphrites aiguës suppurées, par Paisseau : *Gazette des Hôpitaux*, 1912, n° 52.

10. Question d'internat. — *Gazette des Hôpitaux*, 1908, n° 150.

11. Précis de Pathologie chirurgicale, par Jeanbrau. — *T. IV*, p. 28.

*Pneumonie*

1. La pneumonie post-opératoire, par de Butler d'Ormont. — *Gazette des Hôpitaux*, 1919, n° 24.

2. Traitement de la pneumonie, par Jacques Langle. — *Vie Médicale*, 1922, p. 339.

3. F. clin. de la pneumonie lobaire aiguë. — *Gazette des Hôpitaux*. Question d'internat 1921, n°s 24, 27, 29, 31.

4. La pneumonie lobaire chez l'enfant. — *Gazette des Hôpitaux*. Question d'internat 1911, n° 145.

5. La pneumonie du vieillard. — *Gazette des Hôpitaux*. Question d'internat, 1911, n° 136.

6. La pneumonie du sommet. — *Gazette des Hôpitaux*. Question d'internat, 1909, n° 29.

7. Trait. par l'oxygène. — *Presse Médicale* 1922, p. 112.

8. Sérothérapie. — *Id.* p. 62.

9. La pneumonie des alcooliques, par Plècque. — *Bull. Méd.*, 29 mars 1919.

10. Pneumonie du sommet chez l'adulte, par Guillaume. — *Thèse Paris* 1913.

11. La pneumonie franche du nourrisson, par Pironneau. — *La Clinique infantile* 1913, n° 8.

12. Les réactions encéphalo-méningées dans la Pneumonie de l'enfant, par Nobécourt. — *Bull. Méd.* 1921, n° 11.

13. La pneumonie lobaire de la première enfance, par d'Espine. — *Clinique infantile*, 15 février 1913.

14. Pneumonie expérimentale. — *Presse Médicale* 1921, p. 683.

15. Pathogénie du souffle tubaire. — *Presse Médicale*, 1921, p. 551.

16. Nouveau Traité de Médecine, par Ménétrier et Stévenin. — *T. I.*, p. 178.

17. Livre du médecin, par Castaigne.

18. Laboratoire : Agasse-Lafont, p. 158.

## LIBRAIRIE SCIENTIFIQUE ET MÉDICALE

# AMÉDÉE LEGRAND
93, Boulevard Saint-Germain, 93 — **PARIS** (VIe)

# LA GAINE URINAIRE
### Par Georges PATURET
Professeur suppléant d'Anatomie à l'Ecole de Médecine de Clermont-Ferrand
Ancien Interne des Hôpitaux de Paris

1923. — In-8º, 335 pages, avec 90 figures ........................... .......... **18 fr.**

# QUESTIONS D'INTERNAT

## ANATOMIE

### FASCICULE I.

Apophyse coracoïde.
Epine de l'omoplate et acromion.
Articulation Sterno-Costo-Claviculaire.
Ligaments de l'articulation Scapulo-Humé-
  rale.
Insertion et Innervation des muscles scalè-
  nes.
Insertion et Innervation du triceps brachial.
Insertion et Innervation des péroniers laté-
  raux.
Insertion et Innervation des muscles grands
  droits et pyramidaux de l'abdomen.
Schéma des branches de l'axillaire.
Cercle artériel du coude.
Artères du Colon.
Constitution du plexus brachial.
Nerf circonflexe.
Artères du périnée antérieur.
Territoires sensitifs de la main.
Nerfs des muscles pectoraux.

### FASCICULE II.

Extrémité supérieure du fémur.
Atlas.
Ligaments du carpe.
Articulation du Lisfranc.
Os hyoïde.
Intercostaux (Muscles).
Patte d'oie.
Constricteurs du pharynx.
Plexus solaire.
Nerf lingual.
Vaisseaux de l'estomac.
Oreillettes.
Artère tyroïdienne inférieure.
Lymphatiques de l'utérus.

### FASCICULE III.

Extrémité supérieure de l'Humérus.
Ligne âpre.
Orbite.
Ligaments du genou.
Articulation occipito-atloïdienne.
Insertion des ptérygoïdiens.
Muscles radiaux.
Muscles styliens.
Orifices inguinaux.
Plexus cervical.
Corde du tympan.
Nerf ophtalmique
Branches du spinal.
Branches de l'aorte abdominale.
Lymphatiques de la langue.
Artère occipitale.

### FASCICULE IV.

Ligaments du cou-de-pied.
Ossification de l'épiphyse humérale infé-
  rieure.
Muscles épitrochléens.
Les deux premières côtes.
Insertions et innervation des muscles sous-
  hyoïdiens.
Plexus sacré.
Nerf auditif.
Territoires sensitifs de la tête.
Artère épigastrique.
Artères de la fesse.
Vaisseaux du cœur.
Lymphatiques du sein.
Racines rachidiennes.
Plexus choroïdes et toiles choroïdiennes.

*Prix du Fascicule : 3 Fr.*

# IMPRESSION DE THÈSES